Un manual práctico para animar a más jóvenes a servir a Dios con sus vidas.

¿Dónde Está La Siguiente Jenny?

Emily A. Knight

¿Dónde Estará La Siguiente Jenny?

Introducción:

Yo no soy nadie especial; pero Dios me usó para alcanzar a alguien muy especial porque me hice disponible.  No me enfoqué en orar para que alguien entrara a mi vida, oré para que yo pudiera entrar a la vida de alguien más. Le pedí al Señor que me hiciera la persona que Él quería que yo fuera, y que me usara en la manera en que Él había planeado. Cuando en las próximas páginas usted lea las palabras amables y sabias que escribe nuestro pastor durante los eventos de este escrito, por favor sepa que no las incluí en este libro para que usted piense algo especial de mí. Los incluyo en este escrito, para ayudarle a verse a usted mismo en este rol en la vida de alguien que le necesita.

En el momento en que estábamos viviendo las experiencias contadas en estas páginas, éramos gente ordinaria. Y a propósito, aún lo seguimos siendo. El Pastor Hobbins revela en su prefacio que aún él no se daba cuenta de lo que estaba sucediendo en ese tiempo. Seguramente, nosotros tampoco. Si usted espera influir en alguien para que llegue a ser misionero o algún gran siervo para el Señor por leer este libro, debe detenerse ahora mismo y pedir un reembolso. Es mi deseo relatarle como usted puede ser usado verdaderamente en las vidas de los jóvenes para ayudarles a verse a sí mismos y también al mundo y su relación hacia ellos, así como Dios los ve. Mi propósito es para ayudarle a ver qué tan importante usted pudiera llegar a ser en la vida de alguien que usted ama. No requiere talento; simplemente requiere tiempo.

Este es un fabuloso ejemplo de una tremenda joven esposa de misionero, la cual fue un estudiante en algún seminario Bíblico, de alguna Iglesia antes que la conociéramos. Antes de eso, ella era una miembro del Departamento de Jóvenes de Alguien. También podemos decir que, ella era una niña en la Clase Dominical de Alguien. Antes de eso, ella era una niña esperando a Alguien que la pasara a visitar en un día sábado. Antes de eso, ella era simplemente un nombre en una tarjeta de Visitante. Antes de eso, ella era alguien que visitó la Ruta de Autobús de alguna persona. Antes de eso, ella simplemente era una Amiga de "X" persona, que

Vino En La Ruta La Semana Pasada. Y, antes de eso, ella era la Preciosa Bebé de Alguien.

La próxima historia de un gran misionero pudiera venir de ser esa pareja de novios que actualmente están asistiendo a ese seminario Bíblico Pequeño (o no tan pequeño). La próxima gran historia misionera puede estar actualmente en tu Departamento de Jóvenes. La próxima gran historia misionera quizás está sentado en tu Clase de Escuela Dominical. La próxima gran historia misionera puede estar esperando que usted pase a testificarle, o a animarle a mantenerse fiel en la iglesia. La próxima gran historia misionera pudiera ser el amigo que alguien en su Ruta de Autobús que quiere que usted visite.

¿Será usted Alguien a quien Dios pueda usar para alcanzar la siguiente generación de Sus siervos? Nosotros no tenemos el privilegio de saber qué será del mañana de las vidas de los que tocamos. Debemos cultivar cada una con la misma tenacidad y fervor. Cada joven en su Ruta de Autobús tiene el potencial de ser la siguiente gran historia misionera, o pastor o esposa de pastor, o fiel y dedicada maestra Cristiana. ¿Está usted dispuesto a ser el que alcanza el corazón de ese niño y entrenarle para ver hacia el Señor? El precio es alto en tiempo, amor, y quebrantamiento de corazón; pero los dividendos son multifacéticos con intereses multiplicados.

Para mí, la Señora de Jonathan Ashcraft solamente era Jenny, la jovencita que se sentaba arriba de las bancas de la iglesia y que necesitaba que alguien le enseñara que eso es falta de respeto. ¿Dónde estaba su Capitán de Ruta de Autobús? Él debería decirle que no hiciera eso. Su Capitán de Autobús me había dicho que Jenny de verdad quería ser una ayudante de Autobús, y preguntó si yo necesitaba su ayuda en mi Ruta. "Sí," le respondí. "Que bien; así que usted le puede enseñar a respetar los muebles de la iglesia." Y así, nuestra relación de por vida comenzó cuando le pedí que me ayudara en mi Ruta de Autobús en lugar de trabajar en la ruta por la cual ella había sido alcanzada.

¿Dónde Estará La Siguiente Jenny?

Prefacio por Les Hobbins, Pastor Emérito

Iglesia Bautista Lewis Avenue, Temperance, MI

Jenny compartió conmigo el hecho de que tú estabas escribiendo este libro sobre jóvenes. ¡Qué deleite cuando leí el libro y me di cuenta que el libro se trataba de Jenny! Jenny siempre ha tenido un pedazo de mi corazón. Yo, también, vi su potencial cuando era una niña en nuestro ministerio de rutas. Estaba consciente de que algunos adultos la estaban ayudando, y me sentí agradecido, pero ahora, sé que mayormente fuiste tú y ahora me siento bendecido al saber la profundidad y la amplitud de tu amor hacia ella. La sabiduría y el amor que tú demostraste es aún otra indicación de tu dedicación al Señor y la evidencia del cuidado providencial de Dios en ambas de sus vidas. ¡Qué maravilloso ser usado de Dios y en este caso, Jenny seguirá llevando fruto que repercute a tu cuenta celestial!

Hablando como un Pastor, por esta razón comenzamos el ministerio de autobuses. Gloria al Señor, tenemos muchos Jennys (y Jons) allá afuera en quienes hemos hecho una diferencia en sus vidas. Y tenemos a muchas Emilys que han sido usados de Dios en las vidas de muchos preciosos niños.

Me siento emocionado por tu libro. Es muy necesario, y será usado por Dios para ayudar a discipular a muchas Jennys para Cristo. Cada iglesia que tiene un ministerio de autobuses debería asegurarse de que no solamente los trabajadores de rutas lean tu libro, sino que todos sus miembros lo lean también.

Gracias por amar a los niños de la ruta de autobús. Gracias por amar a Jenny. Gracias por tu libro, que será de mucha ayuda. Que el Señor te siga bendiciendo y usando en Su ministerio.

Suyo por Él,

L. Hobbins, Pastor Emeritus, L. A. B. C.,

Temperance, MI

¿Dónde Estará La Siguiente Jenny?

Prefacio por Suzanne White, Esposa de Pastor

Iglesia Bautista La Gracia, North Ridgeville, Ohio

Madre de Cinco, que enseña a sus hijos en casa

Alcanzada a través del ministerio de autobuses

¡Realmente me encantó leer tu libro! No he leído algo tan bueno en mucho tiempo. Yo pienso que este libro es muy oportuno y de mucha ayuda. Me encanta la **honestidad, la humildad, y la percepción práctica.** Agradezco que hayas puesto el frasco en el estante alcanzable...haciendo aplicación sencilla de la verdad. Tampoco tuviste que comprometer principios bíblicos para hacer claro tu mensaje.

Ciertamente muestras percepción, discernimiento, y sabiduría cuando se trata de tu relación con los jóvenes. Sé qué tan difícil puede ser, especialmente cuando se trata de las emociones. Me encanta tu declaración, "Una persona es 'libre' para sentir todo el espectro de las emociones." Sé de mis propias experiencias que es mucho más fácil **decirles** dónde están mal y **decirles** qué es lo correcto. Yo tiendo a quedarme en "modo maestra" todo el tiempo, especialmente como enseño a mis hijos en casa, también. Tendemos a olvidarnos que nosotros también tuvimos que "aprender" esto nosotras *mismas. Estoy disfrutando mucho el leer y volver a leer lo que me enviaste.*

¿Dónde Estará La Siguiente Jenny?
Tabla de Contenido

Capítulo 1

Ama y apoya a un joven por lo que tú eres y por lo que él es para ti.
Capítulo 2

¿Y si Tú No Eres el Padre?
Capítulo 3

Escucha
Capítulo 4

¡Diviértete!
Capítulo 5

Apoya a Otras Autoridades
Capítulo 6

Escoge Tus Batallas
Capítulo 7

Comunícate

Capítulo 8

¡TRABAJA!

Capítulo 9

Ora

Capítulo 10

Apoya Sus Decisiones

Capítulo 11

Anima

Capítulo 12

Acepta

Capítulo 13

¡Conquista Sus Corazones!

Capítulo 14

Anticipa Buenos Resultados

Capítulo 15

¡Disfruta Los Beneficios Asombrosos!

Capítulo 16

Manejando el "Fracaso"

Capítulo 17

Conociendo a Tony

Capítulo 1

Ama y apoya a un joven por lo que tú eres y por lo que él es.

"Ser" algo para alguien más requiere una relación. Muchos títulos de relaciones nos son dados cuando nacemos. Para poder lograr verdaderamente una relación, que tiene más significado que el mismo título, requiere años, quizás aún décadas, de arduo trabajo.

Buscar una relación es ser un amigo. Pero para llegar a ser un amigo probado y verdadero, pues, lleva toda una vida. No deberíamos dar por hecho una relación, ni tomarlo a la ligera. Aunque este libro es primordialmente sobre el desarrollo de una relación con alguien que tiene necesidad de una relación verdadera, muchos de los principios se pudieran aplicar a cualquier relación.

Mi hermano y yo tuvimos varios amigos que constantemente llegaban a la casa cuando estábamos creciendo. Un día, uno de mis amigos le dijo "Mamá" a mi mamá. Ella suavemente le corrigió, diciéndole que ese título era precioso, y reservado solamente para una persona en una vida; a su mamá no le gustaría que él le dijera así a mi mamá. Él dijo que como su mamá había muerto, mi mamá era la única persona a quien le importaba si él se ponía un abrigo, o si comía sus verduras. Ella estaba haciendo cosas de "mamá" para él, llenando un vacío que él definitivamente sentía, así que, naturalmente le otorgó el título de la relación que ella llegó a ser para él. Cuando mi mamá se dio cuenta que él ya no tenía mamá, mi mamá se sintió honrada de que él le dijera "mamá" cuando él estaba en la casa.

Si realmente deseas hacer una diferencia en la vida de alguien, debes llegar a ser algo para ellos. Y simplemente requiere que te importe tanto para construir una relación. No soy alguien especial, pero Dios me permitió alcanzar a alguien especial porque yo estaba dispuesta a hacerme disponible. Mientras yo oraba que el Señor me hiciera una persona que ÉL quería que yo fuera, yo oraba que Él me usara para ser la persona que Jenny necesitaba. Yo oraba que Él usara a todas las personas que Él había traído a su vida para ayudarle a ser la persona que Él quería que ella fuera.

Ocasionalmente, yo le preguntaba a Jenny qué significaba yo para ella. Su respuesta era un buen indicio de su actitud permanente. Yo intentaba de siempre ser la misma persona para ella, sin importar las circunstancias, u otras personas, o aún sin importar su propia actitud. Noté que dije "intentaba." Nadie siempre puede ser igual; somos humanos. Algunos días somos mejores que otros, y algunos días nos sentimos mejor que otros días. Yo sé que fallé, pero puse el mejor esfuerzo de basar mis decisiones en un principio y no en la forma en que yo me sentía. Yo estaba intentando poner un ejemplo de vivir por principios en lugar de vivir por emociones. Nuevamente digo que cometí muchos errores, pero yo estaba dispuesta a admitirlos.

Capítulo 2

¿Y Si Tú No Eres el Padre?

Jenny ya estaba llegando fielmente a la iglesia y estaba ansiosa de tomar algunas responsabilidades. Su madre estaba de acuerdo en permitirle ir conmigo y con otra hermana a visitar a gente inconversa con un grupo de jóvenes los sábados. Comencé a pasar por Jenny los sábados para ir a la junta de Reunión de Autobuses de las 10:00.

Un día domingo, en el autobús, enseñé a los jóvenes que no deberían ir a las fiestas ni a ningún lugar donde ellos sabían que Jesús no quisiera que ellos fueran. Di mi número de teléfono a todas las señoritas (incluyendo a Jenny, otros niños, y aún a otros trabajadores de ruta que llegaban sin sus padres a la iglesia) y les dije que si en algún momento se encontraran en un lugar donde necesitaban llamarme, que me pudieran llamar y que yo iría por ellos y les llevaría a su casa -- sin hacer ninguna pregunta. Yo asumiría que ellos no sabían que hubiese en ese lugar alcohol, drogas, o cualquier cosa, donde ellos estaban, y no les "obligaría" a hablar al respecto. También les dije que me pudieran hablar en cualquier momento para hacerme preguntas si querían respuestas bíblicas, sin tener que discutir sus asuntos en frente de un grupo. Aunque aquí sería una muy buena ilustración, nadie jamás me llamó a media noche para pedirme llevarles a casa. Algunos sí me llamaron para pedir ayuda para saber cómo tomar una postura en la escuela pública. Uno de ellos era Jenny. Sus preguntas originalmente parecían centrarse más sobre el chisme y cómo tratar con personas que hablaban de cosas que realmente no conocían o no entendían de otros. Yo pienso que ella se sintió insultada por alguien, como la mayoría de nosotros hemos experimentado en un tiempo u otro. Oré con ella por teléfono.

Jenny me preguntó si sería más fácil que yo la llevara a una actividad de jóvenes en un tiempo normal en lugar de llevarla de una fiesta a media noche. Yo estaba de acuerdo, y Jenny comenzó a asistir a las actividades de jóvenes en nuestra iglesia. En una de estas actividades, donde asistían en su mayoría jóvenes de escuelas cristianas, el Pastor de Jóvenes habló sobre estar agradecido por los padres que oraban con ellos y por ellos, y que leían la Biblia con ellos. Seguramente él habló sobre otras cosas, pero esto impresionó más a Jenny, porque esa noche ella me preguntó si yo oraba por ella. Le dije que sí, yo oraba por ella todos los días. Ella me preguntó por qué yo no oraba con ella. Quería saber si yo estaba dispuesta a tener un devocional cada semana con ella. Aunque ella fue capaz de parcialmente verbalizar a tan corta edad algo que le hacía falta en su vida, muchos jóvenes no pueden, o peor, ni aún están conscientes de que necesitan que alguien ore con y por ellos.

Permíteme parafrasear no solamente por Jenny, pero para cada jovencito bajo su influencia: "¿Me amas suficiente para orar por mí todos los días? ¿Me amas suficiente como para orar conmigo todos los días? ¿Valgo la pena? ¿Te importa qué pasa con mi vida? ¿Te importo lo suficiente para ayudarme a limpiar mi vida si hago un desastre mientras estoy aprendiendo? ¿Mi vida vale la pena, para que hagas lo que sea para convencerme de que no es despreciable? ¿Tienes tiempo para mí?" Estas preguntas casi nunca se harán verbalmente. Muchas veces no son contestadas verbalmente. Pero sí se hacen y se contestan cada semana--preguntas hechas cada semana por cientos y miles de jóvenes olvidados que llegan sin sus padres a Tu Iglesia en un autobús o en un transporte de la iglesia; y son contestadas cada semana por ti, el Capitán de Autobuses, Obreros de Autobuses, Maestros de Escuela Dominical, consejeros de Campamento, Comprador de Biblia, Escritor de una Nota, y Animador. Tú eres Alguien a quien esa persona está viendo, aunque tú lo elijas o no. Tú te haces disponible para ellos y ellos te escogen. Comenzamos a tener devocionales en el Burger King los sábados por la mañana antes de la Reunión de Autobuses.

Estaba asombrada por esta señorita que estaba tan hambrienta por las cosas espirituales que ella estaba dispuesta a sacrificar su oportunidad de dormir hasta tarde para tener un devocional conmigo. Eso me lleno de humildad. ¿Por qué ella pensaba que yo era alguien quien ella debería escuchar? Yo sabía, y estoy segura que mis amigos dirían lo mismo, que había muchos cristianos mejores que yo de quienes ella podría aprender. Pero, como yo dije, ella me eligió. Ella creía que a mí me importaba su vida, y que había algo real en mi vida. ¿Qué haría yo con eso? ¿La iba a entregar a otra persona que yo pensaba que era mejor o más digna de este gran honor? ¿Explicarle que el sábado era mi día para dormir más tarde y si no lo pudiéramos hacer en otra ocasión? Ella eligió seguirme a mí, mientras yo seguía a Cristo. ¿Podría yo defraudarla? No, debo intentar ser lo que ella cree que yo soy. Debo orar más; debo aprender más; debo ser más.

Si esperamos hasta que seamos dignos de guiar a alguien en una relación más cercana al Señor, nunca ayudaremos a nadie. Nunca seremos dignos. Aún una sensación de sentirnos dignos para guiar es una evidencia de orgullo y puede causarnos a ser menos útiles de lo que pudiéramos ser. No, Dios no está esperando que seamos dignos; Él solo espera que estemos dispuestos.

Jenny y yo pasamos mucho tiempo juntas ganando almas, leyendo la Biblia, orando con y por otros. Temo que ella aprendió algunos de mis hábitos malos también, así como algunos de mis hábitos buenos. Pero mayormente, sé que ella se acercó tanto a mí como para saber qué tan real era Dios y aún lo es en mi vida. Ella me vio en la montaña, así como en el valle, y en todos los planos y mesetas que pasé. Ella sabía que yo la amaba y sabía que me importaban las vidas de sus padres. Jenny siempre amó a su mamá y quería que fuera con ella a la iglesia. Creo que la única vez que la mamá de Jenny llegó a la iglesia fue para la boda de Jenny.

Aunque llegamos a estar cada vez más cerca día con día, tenía cuidado de nunca hacer sentir a Jenny que yo estaba tratando de tomar el lugar de su mamá. Yo trataba de acercar a Jenny más a su mamá; no traté de alejarla más de su hogar. Esto hubiera causado confusión y resentimiento. Jenny aprendió mucho de su mamá, y hasta donde yo sé, siempre fue respetuosa hacia ella. Yo solamente llené ese vacío espiritual; no traté de reponer nada de lo que su mamá ya estaba haciendo. Esto es un punto vital: Va en contra de la Biblia aconsejar a un joven a desobedecer a sus padres, aun cuando sus padres no le dan permiso de llegar a la iglesia. Como trabajador de Ruta de Autobús, debes simplemente decir, "Está bien, nos vemos en la próxima." Dios nunca bendice la desobediencia. Nuestro trabajo es influir a los jóvenes para que tomen buenas decisiones cuando tomen una decisión. Nunca debemos influenciar a un joven a desobedecer o a faltar el respeto a alguna autoridad, especialmente a la autoridad de sus padres. Hacer esto debilita tu propia autoridad y enseña al joven a buscar pretextos para desobedecer. Daña al joven en lugar de ayudarle.

Capítulo 3

Escucha

"¡Mi joven no escucha!" Esta es la queja número uno de padres, maestros y obreros de jóvenes. Sí hay una manera de asegurarse de que sí te escuchen. Aunque suene muy sencillo, si se hace apropiadamente, normalmente consume mucho tiempo y puede ser algo complejo. La única manera para entrenar a un joven a escuchar es escuchándolo a él. Escucha sus sentimientos y sus razones. No importa qué tan inmaduros sean, sus sentimientos son muy reales para este joven. Entrénalo a escucharte a ti, escuchándolo a él de verdad. Pon el ejemplo. La comunicación consiste en platicar y escuchar de ambas partes.

Los jóvenes necesitan sentir que se les está escuchando. Este regalo quizás fue el regalo más importante que le pude dar a Jenny. Permití que ella se expresara aún si sentía negatividad hacia una autoridad o hacia principios bíblicos. No le negué sus sentimientos. Una persona tiene la libertad de "sentir" todo el espectro de los sentimientos. Enseña a tu joven a manejar, en lugar de sofocar sus sentimientos. No le dije a Jenny que sus sentimientos eran incorrectos, pecaminosos o rebeldes. **Permití que ella hablara.** Le hacía preguntas que esperaba la guiara a tomar decisiones correctas: "¿Piensas que la persona a propósito te quiere hacer daño?" "¿Quieres que esta persona acepte a Cristo / o / sea un mejor Cristiano?" "¿Crees que esta persona te ama?" "¿Honestamente puedes decir que en esta situación no hiciste nada malo?" "¿Qué cosa de esta situación te molesta más?" "¿Has hablado con esta persona sobre lo que te está molestando?" "¿Qué dice tu mamá sobre esto?" No la apuraba, ni la interrumpía. Permití que ella hablara. A veces esto era muy difícil para mí; las respuestas de jóvenes algunas veces son extremadamente inmaduras. Muchas veces durante estas conversaciones, cometí el error de interponer mis opiniones antes de que ella los pidiera. Aprendí que esta jovencita preguntaría si yo tenía la paciencia de escuchar y esperar. Los jóvenes que no piden las opiniones de los adultos de todas maneras no están escuchando, y los jóvenes que realmente sí quieren saber qué es lo correcto serán intrigados por el adulto que espera a que les pregunte.

¡Cometí muchos errores en esta área! ¡Demasiados errores para contar! Sin embargo, Jenny vio a alguien que genuinamente se preocupaba por ella y por el propósito de Dios para su vida. Porque yo tomé el tiempo para preocuparme y fui paciente para escuchar, Jenny pasó por alto mi "prepotencia" y mi tendencia a darle demasiada información. Yo creí que demasiado era mejor que muy poco; siempre ella podía guardar la información para usarla después. También, las veces que realmente fui muy dura con ella, o tendía a poner mucha culpa para alguna situación sobre sus hombros, no fui demasiada orgullosa para pedir disculpas. Tus propias disculpas son la mejor manera de enseñar a un joven a pedir disculpas.

Quiero decir nuevamente, para el beneficio de alguien que está considerando tomar tiempo en hacer la diferencia en la vida de un joven que quiere permitir que Dios haga algo con él o ella, *¡yo cometí muchos errores!* Me entremetí cuando no debí haberlo hecho, y seguramente avergoncé a Jenny mucho más de lo que debí, abrí mi boca demasiadas veces cuando debí haberla escuchado; puedo mencionar más errores que cometí. El propósito de compartir nuestras experiencias a través de este libro no es para decir que supe como influir a una persona siempre haciendo lo correcto. El propósito es para animarte a preocuparte lo suficiente para hacer el intento, para descifrar lo que tu joven necesita y esforzarte para ser lo que él necesita. También, el joven no siempre hará lo correcto. Tú y yo no siempre hacemos lo correcto. Jenny cometió muchos errores, también, estoy segura; pero no recuerdo cuales fueron sus errores. Para mí, ella siempre fue la señorita con un corazón para honrar al

Señor. Si quieres conocer sus errores, debes leer su propio libro.

Capítulo 4

¡Diviértete!

Jenny y yo nos divertimos mucho durante sus años de señorita. Caminábamos juntas en el parque (allí es donde tuvieron lugar la mayoría de nuestras

¡Comimos mucho helado!

pláticas). ¡Comimos mucho helado! Fui a varias actividades de jóvenes y conocí a sus amigos. Muchas veces, la animaba a invitar a uno o más de sus amigos para hacer cosas con nosotras. La obligue a hacerse de amigas que creía que eran espirituales, y que amaban y respetaban a sus padres.

Planeaba hacer cosas para hacer juntas que yo pensaba que Jenny disfrutaría. Yo quería que ella supiera que no tenía que hacer lo que hacían sus amigos de escuela pública para poder divertirse. Una de las amigas de Jenny tenía excelentes padres que estaban dispuestos a permitir que Jenny pasara la noche de los sábados con ellos. Ambas, Jenny y su amiga, trabajaban en la ruta de autobuses los domingos en la mañana. Pasábamos las tardes de domingo trabajando con otros niños y jóvenes y trayéndoles a la iglesia los domingos por la tarde. Ayudando y ministrando a otros, lo cual requería mucho trabajo, pero también podía ser muy divertido.

Me aseguraba de que Jenny supiera que yo quería que ella estuviera conmigo. Su presencia no era una carga. La amaba y disfrutaba estar con ella. Era importante para mí que ella supiera esto y que ella sintiera esto. ¡Qué honor que ella escogió estar conmigo! Nunca quería que ella sintiera que estaba escogiendo entre mí y sus amigas. Le aclare que sus amigas eran bienvenidas para venir con nosotras. Además, no quería que su mamá pensara que yo era "rara."

Le decía "sí" lo más posible. Trataba de explicar cuando decía "no" en una manera que llevara a Jenny a tomar la misma decisión cuando era tiempo de decidir. Algunas veces, cuando yo temía que la influencia del mundo era demasiado, oraba, lloraba, y rogaba a Dios que mantuviera a Jenny segura, pura, y dispuesta a servirle. No criticaba los bailes de la escuela a donde literalmente todos los demás en su clase estaban asistiendo, presentaciones de la orquesta que incluía música secular u otras cosas que eran una gran parte de su vida. La desanimaba en cuanto a lo que yo creía ser inmoral, y la animaba con cualquier cosa que pudiera ser usado para bien. Creía que era bueno que ella tuviera la oportunidad de desarrollar sus habilidades musicales y aunque la música incluida en la orquesta de su escuela pública no siempre era "Cristiana," rara vez era mala. Los beneficios que ganaba de esta oportunidad superaba la influencia negativa. El tiempo que ella pasaba en ensayos y presentaciones la mantenían ocupada y fuera de problemas. Asistí a cada presentación de orquesta. La apoyé en sus intereses y la hice saber que lo que ella estaba haciendo era importante para mí. Tu joven a lo mejor esté involucrado en música, deportes, drama, o un gran número de otras cosas. Cuando tú vas con ellos a sus partidos y recitales, le demuestras que lo que es importante para él, también es importante para ti. Esto se interpreta como amor por tu joven. ¡Asiste a cada evento! ¡No pongas pretextos!

Capítulo 5

Apoya a otras autoridades

Nunca hables negativamente de otras autoridades. Enfáticamente, nunca hables negativamente del padre de tu joven. Si tú eres uno de los padres, o padrastro/madrastra, esta instrucción quizás será más difícil para ti, pero aún deberías seguirlo. Enseña a tu joven lo que la Biblia dice sobre honrar a sus padres y sobre la obediencia a la autoridad. La Biblia tiene mucho qué decir sobre servir, estar en sujeción, y sobre la obediencia. Dios nunca bendice la desobediencia. Si una autoridad está equivocada o se porta de una manera injusta, permite que tu joven lo descubra por sí mismo, y luego enséñale una respuesta bíblica a la autoridad. Nada ganarás cuando señalas las fallas de otra autoridad.

De igual importancia es no permitir que un joven hable negativamente sobre alguna autoridad. Escúchalo, aprende la diferencia entre quejas legítimas y simplemente quejas. Si tu joven tiene una queja legítima hacia una autoridad, enséñale cómo manejarlo. No lo manejes por él. Enséñale cómo acercarse a una autoridad y a hacer escuchar su queja. Enséñale la diferencia entre principios y diferencias de personalidad. Enséñale la diferencia entre el mal y lo "diferente." Enséñale cómo responder apropiadamente a la autoridad.

Cuando yo estaba enseñando estas cosas a Jenny, hacíamos juego de rol. Yo hacía el papel de su maestra de escuela pública y ella presentaba su caso. Yo inventé tantas respuestas que yo podía imaginar para que Jenny estuviera realmente preparada. Para cuando llegó a estar en su último año de prepa, fueron raras las veces que tenía que pedirme ayuda en esta área porque ya podía predecir cómo sus maestros responderían. Sobre todo, recalcaba el respeto. Sin importar cómo un encuentro con sus maestros resultaba, el maestro (o cualquier otra autoridad) merecía ser respetado.

Quisiera poner énfasis en la importancia de permitir que otras autoridades sean importantes a la vida de tu joven. Jenny siempre amaba y apreciaba a sus maestros de Escuela Domínical. Algunos de ellos Jenny los tenía en tan alta estima que me daba tentación de sentir un poco de celos. No me ayudaba cuando Jenny hablaba de cómo ella quería ser como ellas y no como yo, porque yo no era casada. Nada como una adolescente para estar mencionándolo. Yo he sido justa en compartir mis errores, así que me gustaría decir que en esta área fui suficiente madura para estar de acuerdo con ella. La animaba a escribir notas a estas hermanas, agradeciéndoles por su influencia en su vida. La obligue a pasar tiempo con ellas. Era bonito cuando también eran mis amigas, pero aún si no eran mis amigas, yo la obligaba a pasar tiempo con ellas. Si nuestro Pastor pensaba tanto de ellas para pedirles que enseñaran en la Escuela Dominical, eran dignas de honor, aunque no las conocía muy bien; o por cierto, aunque me caían bien o no.

Yo no permitiría que tu joven escogiera ir a una clase diferente a la de su edad asignada. Esta acción pudiera dar la impresión que el joven o que tú piensan que tienen más sabiduría y/o discernimiento que el liderazgo de la iglesia.

Capítulo 6

Escoge Tus Batallas

Permite que tu joven se exprese. No le molestes. Guarda las armas grandes para las batallas grandes. Nadie se desanima más que un joven que siente que es imposible agradar a alguien a quien ama. No debemos hacer que un joven se sienta culpable por escoger una profesión distinta a la nuestra; queremos que él ore y busque la voluntad de Dios por sí mismo. No debemos forzarle a escoger nuestro camino. Tampoco debemos forzarlos a no repetir nuestros errores. Ellos cometerán algunos de los mismos errores que nosotros cometimos. Está bien. Tanto sea posible dentro de los confines de sabiduría y seguridad, permite que él escoja, y luego deja que él se enfrente a las consecuencias y que coseche los galardones. Así nosotros, también, aprendimos nuestras mejores lecciones.

Cuando tú tengas que regañar, hazlo amorosamente. Yo castigué a Jenny en una ocasión. Ella argumentó que yo no era su mamá y que no podía hacerlo. Le dije que si fuera mi hija, lo menos que yo haría era castigarla. Le pregunté qué ella haría si algún día su hija la desobedeciera. Ella pensó por un rato antes de contestar. "Así que, realmente, ¿estás admitiendo que no me puedes castigar, pero me estás pidiendo que yo misma me castigue?" Le dije que no importaba cómo ella lo veía, ella no iría a ningún lado más que a la iglesia y a la escuela por las próximas dos semanas. Como ella amaba a sus futuros hijos y quería ser una buena mamá algún día, aunque ella estaba de acuerdo o no que la acción en sí era digna de castigo, Jenny me permitió castigarla, o como ella lo puso, se castigó a ella misma. Comunicación es la clave. El asunto dejó de ser el asunto. Jenny quería ser una buena Cristiana, quería ser una buena jovencita; quería llegar a ser una buena mamá. Estas cosas eran más importantes para ella que cualquier otra cosa que ella quería en ese momento como joven. Ella aprendió a pensar más allá y a ver más allá de los problemas.

Y honestamente, creo que Jenny estaba verdaderamente agradecida que alguien se preocupaba tanto para decirle que estaba castigada. Jóvenes por todos los Estados Unidos se les abandona para que se crien solos, y son el muchacho consentido, lo cual la Biblia dice que es una vergüenza a su madre. Jenny quería agradar al Señor, y si alguien que ella creía amaba al Señor y le decía que algo que ella hacía no agradaba al Señor, ella quería dejar de hacerlo. Los factores claves en esta ilustración son comunicación sobre la acción o comportamiento y la actitud que Jenny tenía hacia el Señor y hacia sus autoridades. Nosotros como adultos muchas veces cometemos los mismos errores que los jóvenes en asumir que el factor clave es la acción o el comportamiento.

Capítulo 7

¡Comunícate!

La comunicación es la clave de cualquier relación. Ya sabemos esto, ¿verdad? La única forma de conocer a alguien es por la comunicación. Muchos libros se han escrito para transmitir este principio. Pero, ¿cómo? ¿Cómo nos comunicamos con un joven? Hay veces que ellos no quiere hablar. Algunas veces, ellos no quieren hablar con un adulto. Muchas veces, ellos no quieren escuchar.

¿Les debes obligar? ¿Haces que te escuchen a la fuerza? Yo conozco a padres y a líderes de jóvenes que intentan hacer esto. Debo admitir que yo también lo intenté. A una persona se le puede obligar a que se siente, que te mire, y aún que te respete, y que no te conteste. Sin embargo, a una persona no se le puede obligar a que te *escuche*. Si tú tienes que forzarle a que se sienten, te aseguro que, no te están escuchando. Aún si oyen lo que estás diciendo, más seguro están decidiendo hacer lo opuesto de lo que tú estás diciendo a la primera oportunidad. Más seguro, ni si quiera te están oyendo. Ya te "desconectaron."

A una persona se le puede obligar a hablar; pero no le puedes obligar a decir la verdad. Si tú haces que a la fuerza un joven te hable sobre lo que está pasando, probablemente te darán una imagen fabricada o distorsionada sobre el tema. Más seguro, será una mentira. No será toda la verdad.

Suficiente sobre cómo *no* debe ser la comunicación. ¿Cómo deberíamos comunicarnos con nuestro joven? Bueno, hay dos maneras que yo creo que nunca fallan. La primera es por contacto físico. Seguramente, el diablo ha tomado esto y lo ha distorsionado. Debemos ser muy cuidadosos, especialmente si no somos el padre o un familiar cercano. Pero simplemente una palmada en la espalda o un brazo sobre el hombro pocas veces se puede mal-interpretar. Abrazos, cuando sean apropiados, pueden hacer milagros. Yo diría que cualquier cosa que hace que el joven se sienta incomodo se debería evitar. Lo que aparenta ser completamente natural para algunos de nosotros, los cuales hemos gozado una relación sana con nuestros padres, quizás sea algo incómodo o espantoso para un joven que ha sido abusado, abandonado, o dañado físicamente por alguien en quien confiaba. Trata de ser lo que ese joven necesita en vez de tratar de enseñarles a aceptar lo que tú ofreces. Tú nunca olvidarás la primera vez que ellos te den un abrazo, y valdrá la pena.

La segunda forma de comunicarse sin falla es a través de algo escrito. Notas de ánimo pueden durar toda una vida. Cada vez que el joven hace algo que muestra carácter, amabilidad, falta de egoísmo, o piedad, escribe una nota y dile que te diste cuenta. No tiene que ser una carta--simplemente algunas oraciones para expresar al joven que lo bueno que hace se nota así también como sus fallas. Jenny y yo usábamos lapicero y papel. Teníamos libretas pequeñas y en eso escribíamos. Ahora, por supuesto, existen mensajes de texto, correos electrónicos, y Facebook. Aunque no me opongo a estos medios, hay algo especial de tenerlo escrito a mano y poder volver a leer estas notas de ánimo. Cada día, me aseguraba que Jenny sabía que yo oraba por ella. Le decía que la amaba. Lo escribía y firmaba mi nombre. Pasó mucho tiempo antes que Jenny me escribiera. Pero yo no escribía notas que requerían una respuesta. La estaba animando. "Fue algo muy lindo que ayudaras a la Señora Parson a bajar de su carro." "Fue muy bondadoso de tu parte sentarte con el visitante en tu grupo de amigos." "Te extrañé hoy, pero me alegra que seas una bendición a tu mamá y que la estés ayudando."

De cualquier forma que decidas hacerlo, asegúrate de que sigas comunicando. Nunca permitas un tiempo de "no hablar entre ustedes." Enseña a tu joven de no cerrar la puerta a otros en no permitir que te expulsen   . Enséñale a pedir su espacio, y luego, dáselo cuando lo necesite. Esto es diferente a ignorar o expulsar a otros. Muchos adultos que yo conozco no han aprendido esto y sus relaciones aún sufren. Ama, escucha, y dale a tu joven el tiempo y el espacio para llegar a sus propias decisiones. Tu trabajo es enseñar e influir. Tu trabajo no es "forzar" la religión sobre ellos. Yo creo que hemos perdido a muchos jóvenes que fueron criados en un hogar Cristiano porque sus padres trataron desesperadamente de proteger a sus hijos de no cometer los mismos errores que ellos cometieron. Yo entiendo esto, pero también sé que no puedes obligar a una persona a servir al Señor--O lo quieren hacer, o no lo quieren hacer.

Capítulo 8

¡TRABAJA!

Previamente, mencioné qué tan importante es incluir diversión en nuestras relaciones; pero el trabajo es tan importante, si no más importante, que diversión. Servíamos juntas en el Ministerio de Autobuses y Jenny ayudaba en una clase diferente en la Escuela Domínical de la que yo enseñaba. Había una hermana en nuestra iglesia conocida cariñosamente como la "Abuela Parson." Trataba a todas las solteras como sus nietas y nos adoptó como su familia. Jenny y yo la ayudábamos en su casa cuando teníamos esa oportunidad. De camino a su casa yo le hablaba a Jenny sobre por qué la estábamos ayudando. Le dije que lo hacíamos por gratitud y aprecio por las cosas que la Abuela hacía por nosotras. Ella muchas veces nos invitaba a comer a su casa los domingos y los viernes también íbamos para noche de juegos.

Cada diciembre, un grupo de nosotros íbamos a la casa de la Abuela Parson para decorar su casa. Sacábamos las decoraciones, colocábamos el árbol, y colocábamos las luces en las ventanas. Era trabajo, seguramente; pero fue muy divertido. Cantábamos, tomábamos chocolate caliente, comíamos bocadillos navideños que la Abuela había preparado con anticipación a nuestra llegada. Normalmente llegaban una docena de jóvenes y adultos para participar en esta actividad. Pero, ¿qué de la noche en enero cuando bajábamos el árbol y guardábamos todas las decoraciones? Normalmente solo había cuatro o cinco de nosotros que llegaban; pero siempre, Jenny y yo estábamos entre ellos. Me aseguraba de llevar a Jenny porque quería que aprendiera que eso era más importante que decorar y divertirnos. Yo quería que Jenny tuviera ese sentido de responsabilidad hacia la Abuela Parson. Yo quería que ella sintiera que, si se hacía correctamente, ayudar con la limpieza por ejemplo, podía ser tan divertido como decorar. Yo quería que Jenny desarrollara una relación con la Abuela Parson y no solo que la disfrutara en la navidad.

Íbamos a la Iglesia en un "Día de Trabajo" para el programa de construcción. Ayudamos a muchas familias cuando se cambiaban de casa. Limpiábamos entradas de patios. Pero la palabra operativa en este capítulo es "nosotras." Trabajen juntos. Que tu joven vea tu ética de trabajo. No simplemente le digas que trabajen duro; trabaja con él. Enséñale que cada trabajo que hacen lleva su firma. Cada cosa que hacen refleja quien es.

También, te sorprenderán las oportunidades de conversación que surgirán mientras estén trabajando. El trabajo no siempre es por el dinero.

La satisfacción de un trabajo bien hecho es un sentimiento tremendo. La realización de un logro trae gran satisfacción. Tu joven puede experimentar todo esto si tú haces tiempo para trabajar con él.

Capítulo 9

Ora

Anteriormente, mencioné haber tenido devocionales con Jenny cada semana. Preparaba estos devocionales con tanto tiempo y oración como si estuviera preparando una clase de Escuela Dominical. Yo sabía que ella necesitaba saber qué es lo que Dios esperaba de ella como una señorita Cristiana y necesitaba saber lo que ella pudiera esperar que el Señor pudiera hacer por ella en este tiempo crucial en su vida, de igual forma como si ella se preparara para servirle el resto de su vida.

Me gustaría tomar un momento aquí para decir que no deberías presionar a un joven a tener tiempo devocional contigo. Si tú eres el padre y has tenido un tiempo regular de instrucción bíblica desde que tu joven era un niño--por su puesto, ¡sigue adelante! ¡Los años de adolescencia no son el tiempo para detenerte! Asegúrate de que tu joven sepa qué tan importante es la Palabra de Dios para ti y también qué tan importante él es para ti. Sin embargo, si estás comenzando a tener un tiempo de devocional con un joven, sea tu hijo o no, asegúrate que él esté listo para esta experiencia. Explícale que todos necesitamos enseñanza. Haz una promesa (y cumple) de no confundir tiempo devocional con tiempo de disciplina. No golpees a tu joven con la Biblia. Nunca digas a un joven que si realmente ama a Jesús haría o no haría cierta cosa. Trata de recordar todas las cosas que tú aún haces que sabes que no deberías hacer. Aunque otra porción de este libro será dedicada a animar, quisiera tomar un momento para mencionarlo aquí, porque de eso se debe tratar el tiempo de devocional--¡animar! Las primeras mañanas que tuvimos devocionales, enseñé a propósito de qué tan especial somos para Dios y cómo Él solo ve lo mejor en nosotros cuando damos lo mejor para Él. Me enfoqué más en mantener nuestros motivos en el camino correcto.

Devocionales con jóvenes no necesitan ser muy largos. Escoge uno o dos versículos, habla con ellos por cinco a diez minutos, y ora. Pregunta a tu joven si hay algún tema del cual ellos quisieran aprender más. Busca versículos, y tal vez busca algunos libros buenos para ese tema. Anima a tu joven a leer la Biblia todos los días. Asegúrate que ellos sepan qué tan importante es en tu propia vida tener tiempo a solas con Dios. Nuevamente, no uses este tiempo para regañarle por un hábito o una acción o un estilo de vida con la cual tú no estás de acuerdo. Está bien tener estas discusiones también; solamente no los confunda con el devocional. Recuerda, la meta es para que el joven disfrute su lectura bíblica y disfrute orar contigo. Ojalá esto lleve a un tiempo de devocional personal más productivo para los dos.

Cuando ores, ora por ambas cosas--escuela y trabajo. Ora que el Señor te dé el valor para tomar las oportunidades que Él te da para ser un testimonio y/o un testigo; ora que Él bendiga tus esfuerzos y tus estudios. Ora por tu cónyuge (o futuro cónyuge) y ora por el futuro cónyuge de tu joven. Yo oraba todos los días por el hombre con quien Jenny se casaría algún día. También oraba que Dios moldeara a Jenny como la esposa, madre, y líder cristiana que Él quería que ella fuera. Cuando orábamos juntas los sábados, yo oraba por ella lo y mencionaba las mismas peticiones por las cuales yo seguía orando el resto de la semana.

Después de varias veces, tu joven estará listo para hacer la oración. Es importante que tú promuevas esto, pero no lo hagas a la fuerza. Es contraproducente forzar a tu joven a orar; dale la oportunidad y anímale a orar. Si aparenta ser muy vacilante, quizás deberías hacer varios devocionales sobre el tema de la oración; pero no obligues a la fuerza. Guía, siendo ejemplo. Más importante, ¡asegúrate de que tu joven sepa qué tan importante Dios es en tu vida diaria!

Capítulo 10

Apoya Sus Decisiones

Recuerda que la meta es de influenciar a tu joven para tomar buenas decisiones cuando llegue el tiempo de tomar sus propias decisiones. La pregunta surge, ¿Qué hacer cuando toman una decisión equivocada?

Primeramente, asegúrate que la decisión sí es equivocada bíblicamente antes de que tú lo llames una mala decisión. Tu joven no tiene que estar de acuerdo contigo en cada asunto. No es malo solo porque tú no estés de acuerdo. Si tú has tomado el tiempo para enseñar a tu joven a respetar autoridades y las decisiones que tú y otros han tomado por ellos en el pasado (especialmente si tú eres el padre); entonces ahora es el tiempo de realmente enseñarles.

En segundo lugar, en una discusión calmada, digna, adulta, comparte con ellos tus sentimiento y el resultado que quisieras ver en la situación. Si hay principios bíblicos de por medio, compártelos ahora. Cuando todo se haya dicho y hecho, asegúrate que el joven sepa que tú crees en él. Tú le apoyarás en cualquier decisión que él haga, y nada de lo que pudiera hacer hará que tú dejes de amarle o dejes de orar por él.

En tercer lugar, apóyalo. No vuelvas a mencionar errores que crees que haya cometido. No "arrojes cosas en su cara" o reclames cosas sobre el pasado. Será necesario, quizás, recordarle amablemente si una situación similar haya ocurrido. También, si algo está mal que pudiera causar daño (drogas, alcohol, etc.) asegúrate de amorosamente mostrarle las consecuencias y apóyalo. Pero mayormente, me refiero a vestimenta, amigos, música, actividades de tiempo extra, y cosas de esa naturaleza.

Esta es una área que absolutamente tuve que aprender de la forma difícil. La mayoría parte de este libro ha sido escrito en términos prácticos y útiles. El siguiente ejemplo es muy específico, y lo comparto con el permiso de Jenny. La desilusioné en este aspecto. Sí, ella cometió errores--graves errores--pero yo como la adulta, si hubiera respondido correctamente, creo pude habernos ahorrado corazones rotos a ambas.

Jenny había tenido "amigos" y hablaba de algunos muchachos, pero (al menos de que yo supiera) nunca había tenido un novio. Un muchacho, cuyo nombre no mencionaré, comenzó a mostrar interés hacia ella y pidió que saliera con él. No solo aceptó salir con él sin hablar conmigo primero (¡¡SORPRESA!!), pero ella comenzó a pasar tiempo con él después del culto y hablaba con él por teléfono. Sus padres no estaban de acuerdo que él tuviera novia y yo definitivamente estaba en contra de que ella tuviera novio en este tiempo.

Si hubiera seguido el consejo presentado en el párrafo anterior, las cosas pudieran haber salido muy diferentes. Pero, ay, no tuve el privilegio de tener un manual de cómo manejar esta situación. Simplemente se lo prohibí. Sí, hasta levanté mi voz. Tuvimos una discusión fuerte, que pensé que había terminado cuando audiblemente le dije que no podía volver a verlo. Ella cerró fuertemente la puerta del carro y se metió a su casa. Sus últimas palabras fueron, "¡Sabes que tú no eres mi mamá!" Con mucho dolor, lo reconocí. Fue su primer novio. En lugar de permitir que ella sintiera la emoción que viene con ese "primero" y luego ayudarle a manejarlo en la forma correcta que es para una señorita Cristiana, le había negado sus sentimientos totalmente. Había cerrado la puerta para compartir al menos en esa área de su vida.

¿El resultado? Ella se sintió más atraída hacia él. Creyendo que yo no quería que ella lo viera porque él no me caía bien, la empuje a que se acercara más a él. Ella comenzó a buscar razones para estar con él. Estaba aún más cegada a las razones por qué no debía estar con él. Yo había hecho mucho daño a nuestra relación. Pero aún peor, había dañado la fe que Jenny tenía en mí.

¿Esto era porque no era digna de su confianza? No, yo había perdido su fe en mí porque no mostré fe en ella. No permití que tuviera espacio para crecer y experimentar una parte natural de la vida, porque no aprobé su elección. Si hubiera manejado esta situación correctamente, creo que la "relación" que Jenny tuvo con ese joven hubiera durado menos tiempo. También creo que ella hubiera estado más contenta y más segura de sí misma si yo hubiera mostrado apoyo en su habilidad de tomar decisiones. En lugar de hacer esto, mis acciones causaron que ella deseara demostrar que ella tenía la razón, y por consecuencia siguió saliendo con este joven que ella había escogido.

Muchos dirían que la reacción de Jenny simplemente mostró su inmadurez y falta de sabiduría en escuchar a alguien que la amaba y que había orado por ella. En realidad, fue exactamente lo que yo dije. ¿Su respuesta? "¿Qué esperas? ¡Soy joven!" Por supuesto, ella tenía la razón. ¿Qué esperaba de ella? Si hubiera mostrado que Jenny y sus sentimientos eran más importantes para mí que estar en lo correcto o aún si hubiera escuchado sus sentimientos, este capítulo entero pudiera haber terminado de una forma distinta.

Obviamente, pedí disculpas. Trabajé mucho para ayudar a Jenny a saber que sí creía en ella y en su habilidad de tomar decisiones. Y por supuesto, ella sí salió con otros muchachos en el Seminario bíblico y después se casó con alguien más. Pero este capítulo en su vida pudiera haber sido mucho mejor si hubiera tratado a Jenny en ese tiempo más como hubiera tratado a otro de mis amigos que estaban saliendo con alguien de que no aprobaba. Pero en lugar de hacer eso, seguí pensando de ella y tratándola como una niña de doce años. Esto, por supuesto, hizo daño no solamente a nuestra relación, pero también al crecimiento emocional de Jenny.

Capítulo 11

Anima

Todos necesitan ser animados. Tú no llegaste a dónde estás  en tu vida sin que te animaran, y tu joven no llegará muy lejos sin ello. Asegúrate de ser su mayor porrista. Ve a sus encuentros deportivos; disfruta sus conciertos; vende dulce con ellos.

Pero aún más importante, nota las cosas pequeñas. ¿Su habitación está limpia? ¿Fue amable con una persona de tercera edad o con un niño? ¿Está cuidando su apariencia? ¡Elogialo! Asegúrate de hacerle saber que te diste cuenta.

Estoy segura que muchas personas que están leyendo este libro recuerden a la Hermana Marlene Evans. Fue un privilegio para mí poder sentarme en muchas de sus clases en el Seminario bíblico. No puedo contar las veces que la escuché decir: "El comportamiento que se galardona será repetido." Los jóvenes necesitan escuchar palabras de afirmación de los que ellos respetan. La apatía se desarrolla cuando un joven siente que no hay diferencia para sus autoridades si hacen el bien o no. Para evitar la apatía en tu joven, lucha en contra de la apatía en tu propia vida. ¡Haz grande las cosas pequeñas! ¡La aceptación y la aprobación son extremamente importantes! Una selección sobre la aceptación se incluye en este libro, pero lo menciono aquí para asegurarme de una interpretación apropiada. No le hagas pensar que hacer lo correcto es un requisito para aceptación. No importa qué pasa, ese joven es "tu" joven--aunque físicamente sea tuyo o no lo sea. La aceptación y el amor en Cristo son incondicionales.

Supongamos que tu joven es el mejor defensa en la cancha, el más inteligente en el coro, obviamente el que más tiempo práctica. Alaba su carácter más que su talento. Está ahí para él o ella y asegúrate de que lo sepa. Haz todo lo que esté a tu alcance para hacer que tu joven se sienta más cómodo siendo él mismo. Aprenderá a aceptarse por tu ejemplo de aceptación.

Esto no quiere decir que tu joven nunca necesita corrección. Una de mis fallas más grandes fue la tendencia de sobre-criticar. Yo vi tanta potencial en Jenny y quería que ella fuera todo lo que posiblemente pudiera ser que tendía a enfocarme en cada área que pudiera mejorar. Esta tendencia no causó que Jenny pensara en qué tanto potencial yo veía en ella, ni resultaba en mejoramiento de su parte. Normalmente resultaba en resentimiento y negatividad. Los elogios casi siempre llegan a tener resultado en una persona tratando de llegar a ser lo que tú crees que él ya es. Practica el elogio con tu joven.

La crítica casi nunca resultaba en un cambio, mucho menos en mejoramiento. Los elogios casi nunca se ignoran. Practica los elogios con tu joven.

Capítulo 12

Acepta

Acepta a tu joven. Dale lugar para aprender y para crecer. No le exijas cosas irracionales. No tengas expectativas de lo que él debería ser cuando crezca. Dale a tu joven la seguridad de tu aceptación. Tu relación no depende de sus acciones ni de la profesión que escoja.

Quisiera tomar un momento para enfatizar el hecho de que este libro se trata sobre desarrollar una relación. No quiero decir que no disciplines cuando sea necesario. Simplemente quiero decir que en la mayoría de los casos, una relación fuerte y sana puede ayudar a evitar algunas trampas que tientan a nuestros jóvenes hoy en día. En todo caso, el resultado es mejor que si hubiera sido un joven que no se da cuenta que hay alguien en un rincón animándole para que esté feliz y satisfecho con el plan de Dios para su vida.

Aún en medio de la disciplina, la aceptación juega un gran rol. Es tu responsabilidad demostrar a tu joven que la acción o la actitud se están corrigiendo por su propio bien. Cueste lo que cueste, tu joven debe saber que tú aún le amas y le aceptas. Cuando él era pequeño, le dabas un abrazo después de disciplinarle. ¿Por qué no hacerlo ahora después de disciplinarle como joven? Aunque aparenta no desearlo, él necesita tu afirmación aún más como joven.

Tú tienes que conocer a tu joven, así que no recomendaré una edad; pero en cierto punto, tú tienes que darle el mismo respeto y espacio que le darías a un adulto. Aunque estén aun creciendo y no han llegado completamente a un estado de adultez, la forma en que él aprenderá a comportarse y actuar con madurez será por el ejemplo de los adultos en su vida. Ellos aprenden a respetar cuando se les da el respeto. Permite a tu joven hacer y aprender de sus errores. Él más fácilmente buscará consejo cuando aprenda por la experiencia que lo necesita.

Permitele a tu joven saber que tú crees en su habilidad de tomar decisiones. Apóyalo sin decir, "te lo dije." De alguna forma hemos pasado tanto tiempo enfocándonos en su autoestima que hemos producido una generación con suficiente autoestima, pero con muy poca seguridad.

Capítulo 13

¡Conquista Su Corazón!

"Hijo mío, dame tu corazón." "Sobre toda cosa guardada, guarda tu corazón." La clave de cualquier principio presentado en este libro descansa dentro del corazón de tu joven. ¿Cómo puedes enseñar a tu joven a dar su corazón a Dios? Por supuesto, esto comienza con la salvación, pero dentro de lo que he escrito asumo que tú y tu joven ya han confiado en la muerte y resurrección de Cristo como el pago por su pecado y como seguridad de su hogar en el Cielo. Si no es así, le animo a hacerlo y sería un honor si mi libro en alguna manera le animó en esta muy importante decisión.

Pero este versículo está hablando de más que dar tu corazón a Dios en las decisiones diarias. Así que, ¿cómo entrenas a tu joven a dar su corazón a Dios? Comienza por entrenarle a darte su corazón. Muchos padres tratan de hacer que su joven les dé su corazón. Te sorprenderás descubrir que entrenar a tu joven a darte su corazón involucra mucho más el entrenamiento de tu propio corazón que el del joven. Muchos de los que están leyendo este libro quizás recuerden al Dr. Jack Hyles. Muchas veces él decía que la mejor manera de guardar el corazón de un joven es en ganar su confianza cada día. Mantén tus promesas. Mantén tus promesas de salir con él; mantén tus promesas en cuanto a disciplina. Mantén tus promesas.

Sé consistente. Si tu joven percibe que tus decisiónes son basadas en tu estado de humor y no en un principio, su corazón no confiará en tu corazón. Comunícale tus expectativas en una manera realista. Demuéstrale confianza a tu joven. Deja que él sepa que tú crees en él y en su habilidad de convertirse en lo que él decida ser. Enseña a tu joven a dar su corazón a Dios permitiéndole observar cómo tú das tu corazón a Dios.

¿Cómo entrenas a tu joven a confiar su corazón a ti? Confía el tuyo a él. Cuéntale historias verídicas sobre situaciones similares. Comparte las consecuencias de tus acciones, sean buenas o sean malas. Dale a tu joven la confirmación de que sí puede tomar buenas decisiones. Dale a tu joven la confirmación de que él siempre te tendrá, sin importar las decisiones que tome en su vida.

La única forma de ganar el corazón de tu joven es convirtiéndote con amor y oración en una persona en que él pueda confiar. Guarda sus secretos. Tus amigos no necesitan saber todos los errores del joven. Si tú eres el padre, mantén sus fallas en casa. Si tú no eres el padre, yo no te aconsejo que guardes secretos de sus padres; eso no es algo sabio. El director de jóvenes no necesita saber todas los errores del joven. Así como a ti no te gustaría que todo el departamento de jóvenes conociera tus errores, tu joven no necesita que los adultos en su vida sepan de todos sus errores.

Si la ayuda de otra autoridad sería de beneficio en la situación, busquen esa ayuda juntos. No vayas a espaldas de tu joven. Esto pareciera una emboscada y en raro caso sería de ayuda. Pregúntale a tu joven qué parte de la información de su situación pudiera contribuir al beneficio de esta, y vayan a platicar juntos. En algunas situaciones con adultos de confianza, tu joven puede beneficiarse más hablando con otro adulto sin tu presencia. En la mayoría de los casos esto no se debe interpretar como que tú fallaste en tu capacidad para ser padre, madre, tutor o amigo. Simplemente significa que has criado a un joven competente, maduro, que puede pensar por sí solo y quiere tomar decisiones basados en la "multitud de consejeros" en lugar de "porque Mamá me dijo." Tú no pensarías mucho en tu cónyuge si basara todas sus decisiones en lo que hicieron sus padres. Nuestra meta es hacer nuestras propias decisiones, así como criar a jóvenes a tomar sus decisiones basadas en principios. Decisiones basadas solamente en las tradiciones no son mejor que las decisiones basadas en las emociones.

Capítulo 14

Anticipa Buenos Resultados

Nunca olvidaré el día que Jenny me presentó al que estaba destinado para ella. Ella y Jon aún no estaban comprometidos, pero su relación era seria, y el tema de compromiso ya se había platicado. Jenny me había dicho anteriormente cuánto ella le gustaba y le respetaba y qué tan importante era para ella que yo lo aprobara. Explicándole nuestra relación a Jon, Jenny me nombró a su "mamá espiritual." Jon dijo que esto era exactamente lo que una buena capitana de autobús debería ser, una madre espiritual. Ella sabía que él entendería y me aceptaría como su familia. Es difícil encontrar las palabras correctas para describir mis sentimientos cuando conocí al futuro esposo de Jenny por primera vez. Instantáneamente, supe que él era el indicado para ella, que él era por quien ella se había preparado. Al principio, esto me sorprendió, hasta me asustó un poco. Pero después de todo, yo había orado por él cada día por muchos años. ¿Por qué no le reconociera cuando le conocí? También, yo había orado por muchos años para que Jenny se desarrollara en la ayuda idónea que ese joven necesitaba en su vida. Yo estaba muy emocionada por Jenny en esta nueva etapa de su vida.

Jon pasó mucho tiempo preguntándome sobre los gustos y disgustos de Jenny, su estilo de comunicación, su familia. Creo que él sabía muchas de estas respuestas antes de que me preguntara. Creo que él estaba tratando de hacerme saber que él verdaderamente amaba a Jenny y quería que los que la amaban antes de que él llegara a su vida supieran que él apreciaba a cada uno de ellos y quería añadirles a su nueva relación, y en ninguna manera hacerles sentir que no eran parte de su relación. Jon verdaderamente es un gran joven que ama al Señor y a mi Jenny, y quiere que todos sepan quien es dueño de su corazón. No puedo decir que tan suficientemente bueno él es para ella. Dios los juntó por, o a pesar de, sus decisiones hasta este punto en sus vidas. Dios trabaja para que todo salga para bien.

Hubo un compromiso, planes para boda, y planes para visitar iglesias para levantar apoyo económico. Sus vidas en delante parecían estar muy ocupadas. Me sentí verdaderamente honrada cuando me incluían en cualquier etapa de sus planes. Nunca tomé a la ligera lo importante que había llegado a ser nuestra relación. Nunca esperaba que Jenny me incluyera "porque yo lo merecía," o "porque había invertido tiempo en ella." Yo no estaba "invirtiendo todo mi tiempo" todos esos años. Todo lo que había hecho fue porque la amaba y quería lo mejor para ella. No tenía expectativas para ella. Ella y Jon querían que sus decisiones y sus vidas mostraran gratitud a sus padres y a otros que les habían ayudado en su jornada de la vida para llegar a ser jóvenes verdaderamente felices.

Estoy tan agradecida que Jenny "filtró" mis numerosas "lecturas" y mantuvo las palabras que traducían "Yo te amo," y "A mí me importas" y dejó a un lado las palabras que revelaron mi temor o mi falta de confianza o mis "días malos." Estoy agradecida que ella escogió ver dentro de mi corazón y no ver mis fallas. Más que todo esto, estoy agradecida que el Señor me dio una oportunidad para influir a alguien para Él y para bien. Estoy agradecida que no esperé hasta que tuviera más años o más sabiduría, o fuera más estable, o más de cualquier otra cosa. Estoy agradecida que Dios me escogió a mí (y todas mis fallas) para mostrar a esta señorita que servir a Dios es la vida más rica, más gratificante que jamás se pudiera escoger. Estoy agradecida que el Señor nos unió.

También estoy agradecida por cada joven que el Señor ha permitido sentarse bajo mi influencia. ¡Qué privilegio es ser escogido para compartir lo que Dios puede hacer, lo que Él hará, y lo que ha hecho cuando entregamos nuestras vidas a Él. Estoy especialmente agradecida que Dios haya permitido al menos a una expresar su gratitud y agradecimiento de tal forma que nunca me he sentido arrepentida de no haber tenido una hija biológica. Ella ha sido todo esto y más para mí sin ignorar a su propia madre.

Si tú eres Cristiano y has terminado de leer este libro, ciertamente tienes a un joven en mente por quien tienes una carga para influir. Si Dios lo ha puesto en tu corazón, te ruego que no esperes. Comienza con poco, ¡pero comienza ya! Vivimos en un tiempo cuando todo lo que se siente bien es aceptado y quien sea que está prohibiendo a una persona de hacer lo que él quiere es llamado un legalista crítico. Yo estoy agradecida que mis padres tuvieron límites o barreras para mí. Estoy agradecida que no tuve que probar mundanalidad y pecado para saber que era malo para mí. ¡Creo que estamos experimentando una generación que está rogando por personas que edifiquen barreras! ¿Hay alguien que te importa lo suficiente para edificar una barrera? Ellos te lo están pidiendo. El Señor Mismo te lo está pidiendo. Yo te lo estoy pidiendo. Si alguien te importa lo suficiente--tu propio hijo, un miembro de tu clase de Escuela Dominical, un joven en tu departamento de jóvenes, una sobrina o un sobrino, un niño en la ruta de autobuses, cualquiera--toma tiempo para leer este libro, entonces ellos desesperadamente necesitan que a ti te importen tanto como para edificar una barrera. Edifícala para ellos, hazles sentir que están seguros y bienvenidos allí, y permíteles saber qué paz verdadera viene solamente en obediencia a Dios, y luego, cuando ellos estén verdaderamente listos, ellos podrán edificar su propia barrera.

Capítulo 15

¡Disfruta de Los Maravillosos Beneficios!

Estoy escribiendo este capítulo una semana después de regresar de México, donde Jenny y su esposo sirven al Señor como misioneros con los padres de Jon. Fui para ayudar con sus gemelos recién nacidos, Jonathan y Tommy. Pude estar allí pocos días después de que regresara a casa del hospital. En mi corazón, me siento tan orgullosa como se ha de sentir una abuela. ¡Qué experiencia tan emocionante tuve cuando sostuve a los bebés de Jenny en el campo misionero! No puedo contar las veces que le dije a Jenny cuando era señorita que algún día la iría a visitar en el campo misionero y abrazaría a sus bebés. ¡Wow! ¡Y lo hice! Y espero poder hacerlo nuevamente algún día. Y espero que hayan más bebés, y más oportunidades para influenciar.

Así como ella ha llegado a ser adulta y ella y Jon ahora tienen su propia familia, Jenny y yo nos hemos acercado aún más en nuestra relación. Pasamos menos tiempo juntas por la distancia que existe entre nosotras, pero hay una cercanía que supera el tiempo y el espacio. En nuestro caso, Dios ha puesto a los solitarios entre familias. Él puede hacer esto en tu caso, también. Si tu joven es tuyo físicamente o no, hazlo tan claro para él que tú le perteneces a él. Dios hará el resto.

Sería un gran honor algún día poder servir con Jenny y su esposo en Monterey, para ayudarles a educar y entrenar a sus hijos. Aunque Dios no me lo permita, he disfrutado del privilegio de que me han pedido que yo lo considere. Amo a Jenny y a su familia. Es asombroso para mí cuántas puertas de oportunidad y de influencia Dios ha abierto simplemente porque estaba dispuesta a suplir la necesidad de algunos jóvenes que llegaban a la iglesia en la ruta de autobús.

Capítulo 16

Manejando "Fracaso"

¿Qué pasa si tu joven no "sale adelante"? ¿Qué pasa si no va al Seminario Bíblico? ¿Qué pasa si no va al campo misionero? ¿Qué pasa si no llega a ser el tema de éxito en un libro sobre el ministerio de ruta de autobuses? ¿Qué harás? Seguirás amándole y orando por él incondicionalmente. La Biblia aún es verídica y así debe ser tu amor y tu compromiso.

Como he dicho una y otra vez, este libro primordialmente se trata de establecer y mantener una relación con un joven. Cuando otros escogen hacer lo incorrecto, no sugiero que aceptes ese error. Sí, enfatizo la importancia de identificar claramente la diferencia entre el desapruebo de la acción y de ya no aceptar a la persona o de descontinuar la relación. La verdad es que si verdaderamente somos quienes deberíamos ser, el joven que escoge lo malo sabrá cómo nos sentimos sin tener que darle un "sermón." No conocerán el amor incondicional al menos que tomemos el tiempo de expresarlo. Amor verdadero siempre quiere lo mejor para la otra persona. Nunca debemos apoyar o aprobar cualquier cosa que sabemos que haría daño al joven. Esto nunca se debe confundir con falta de amor o falta de apoyo hacia el joven. Siempre hay una forma de comunicar amor hacia una persona sin permitir acciones inaceptables.

Mis propios padres comunicaron muy efectivamente las consecuencias sin que me hicieran dudar de su amor. Mi mamá siempre estaba "en mi esquina." Nunca lo dudé. Tampoco me costó trabajo creer que las consecuencias se cumplirían exactamente como se había dicho. Mis padres le dijeron a mi hermano y a mí que si alguna vez nos arrestara el policía, que mejor no mal-gastáramos nuestra llamada telefónica en llamarles a ellos, porque ellos no vendrían ni tampoco iban a contratar a un abogado. Cuando nos sentíamos suficientemente "grandes de edad" para hacer lo que nos causaría ser arrestados, entonces también éramos suficientemente "grandes de edad" para buscar la salida por nosotros mismos. Mis padres nos aseguraron de que ya una vez casados, siempre podíamos llegar de visita, pero que deberíamos planear nuestra vida para poder vivir en cualquier otro lugar aparte de su sótano. Un techo no fue hecho para dos familias.

Habían también otros principios que acentuaron el hecho de que ser adulta significaba más que cumplir 18 años. Pero, aún más, quiero enfatizar el hecho de que siempre había sabido que mis padres querían que yo fuera exitosa. Ellos me ayudaron a llenar mi caja de herramientas que podía usar contínuamente en mis problemas diarios. Ocasionalmente, estas herramientas se han mal-usados, pero eso no es culpa de mis padres. Yo creo que cada joven merece la oportunidad de tener una caja de herramientas. Yo he dado mi vida al Señor para que Él lo use para proveer las herramientas, o para enseñar a jóvenes cómo ellos pueden usar efectivamente las herramientas que sus padres les han dado. Por supuesto, la herramienta número uno sería la Palabra de Dios. Pero aún así, muchos no se dan cuenta de su necesidad de Dios y de Su Palabra. Debemos comenzar allí y edificar sobre eso.

¿Y si rehúsa escuchar tu consejo? ¿Qué pasa si tu joven escoge vivir en oposición a Dios? Ámalo y ora por él diariamente. Comunícale tu amor en una forma no-amenazante. Asegúrate de que él sepa que tu amor no se basa en sus elecciones. Asegúrate de que sepa que él y su bienestar son el objeto de tu preocupación. No permitas que tu reputación o tu posición en la iglesia o en la comunidad sea el enfoque. En el siguiente capítulo, que es el último capítulo, hay un ejemplo que ilustrará mejor este punto.

Capítulo 17

Encuentro Con Tony

Después de que me había mudado de Toledo, regresé de visita un fin de semana. Mi amiga que aún trabajaba en la misma ruta de autobús usó mi visita como una "publicidad" en la ruta. Algunos que anteriormente llegaban en la ruta regresaron para verme ese domingo. Mientras salíamos a ganar almas ese sábado, dos hombres grandes, con aspectos rudos, se acercaron a mí mientras atravesé el estacionamiento del súper. Me sentí algo incomoda. Uno de ellos me detuvo y preguntó si anteriormente yo recogía a niños en un autobús rojo y blanco para llevarlos a la iglesia. Aunque quería decirles que ya no vivía en esa área, simplemente respondí, "Sí, ¿les puedo ayudar en algo?"

Su respuesta: "Sí, ¿tú sabes quién soy?" Al principio, creí que él era el padre de uno de los niños. Pero como miré más fijamente a su cara, el Señor me recordó su nombre "Tony." Así que, antes de que lo hubiera reconocido totalmente, dije "Tony," casi en forma de pregunta. Él golpeó a su compañero en la espalda y dijo, "Te lo dije. Ella nunca se olvidaría de quien soy yo." Luego Tony se volteó hacia mí. Me abrazó. Me dijo que había pedido al Señor que Él permitiera que nuestros caminos se cruzaran para que él pudiera tener la oportunidad de agradecerme. "Gracias por visitarme cada sábado aunque mi mamá no muy me daba permiso de venir. Yo ahora voy a la iglesia cada domingo. Trato de ayudar a otros niños como yo, que no tienen papá que les enseñe que Jesús les ama y tiene algo mejor para sus vidas. Conseguí un trabajo, Señorita Emily. Trabajo como constructor y me pagan bien porque ya terminé la prepa. No me inscribí para asistencia social del gobierno. Tengo una novia, también; y no tenemos hijos. Digo, sí queremos hijos, pero vamos a esperar. Nos vamos a casar primero. Nunca me involucré con ninguno de los chicos de la escuela que usaban drogas tampoco. Creo que lo que le quiero decir es que yo la escuché. Gracias por tomar el tiempo para mí. Gracias." Por cierto, para cuando me despedí de él y de su amigo, yo estaba llorando. Quisiera compartir con ustedes el resto de la historia.

Uno de los niños con quien Jenny y yo trabajamos se llamaba Tony. Tony era pequeño para su edad y no venía muy frecuentemente a la iglesia. Le visitábamos cada sábado, y le escribí en varias ocasiones. Un día domingo, él se estaba portando mal; aún hasta el punto que me preguntaba por qué él había venido a la iglesia. En desesperación, le dije que si no se comportaba, que iba a hablar con su papá. Mientras él se enfurruñaba, y se pasó hasta el último asiento del autobús, gritó, "¡Ah sí! Pues si lo puedes encontrar, dile qué lo he extrañado mucho durante los últimos diez años!"

Me dio vergüenza saber que no había tomado el tiempo para descubrir que Tony no tenía una relación con su papá. Ni si quiera estoy segura que él sabía quién era su padre. Tony necesitaba a alguien que se preocupara más de él que de su comportamiento. El siguiente sábado, Jenny y yo fuimos a verlo e hice el esfuerzo de escucharlo, realmente escucharlo. Había venido a la iglesia los domingos previos porque se había metido en problemas en su casa y en la escuela y quería estar en un lugar donde se sentía aceptado y amado. A su edad joven, él no podía verbalizar todo esto, pero sabía verbalizar qué tan injusto él sentía que lo habían tratado. Pedí disculpas por hacerle sentirse mal, y le aseguré que realmente sí le amaba, y quería lo mejor para él. También le dije sobre un Amigo que siempre estaría con él, sin importar qué tan mal parecieran las cosas. Jesús siempre estaría con él y le ayudaría a tratar con lo que la vida traería a su camino. Ese día sábado, Tony aceptó a Jesucristo como su Salvador. Como yo había tomado el tiempo para escucharle, él me escuchó a mí. Tony necesitaba que alguien le mostrara que lo único que él había conocido no era lo único que existía. Él necesitaba que alguien le mostrara que él sí tiene la opción de elegir. Seguramente, algunos jóvenes aún tomarán decisiones equivocadas. Pero con todo mi corazón, creo que más jóvenes escogerían el camino correcto si pudieran verlo como una opción viable, y no como algo fuera de su alcance.

Si Tony no hubiera orado y pedido la oportunidad de expresar su gratitud, yo nunca hubiera sabido lo que había sido de él. Quiero decir que cada joven a quien tú das tu tiempo, mejorará por tus esfuerzos. Quizás no vayan al campo misionero o no trabajen con "jóvenes de la calle" en sus iglesias. Pero por lo menos a ellos se les presentó la oportunidad de escoger su camino. Creo que muchos jóvenes que han sido alcanzados a través del ministerio de las rutas y otros ministerios de las iglesias locales no solamente son salvos como resultado de ese ministerio, pero llegan a ser mejores ciudadanos, mejores padres, mejores personas porque alguien se preocupó lo suficiente para enseñarles a preocuparse por ellos mismos y por otros. Yo pienso que muchos de nosotros seremos sorprendidos en el Juicio Final al ver lo que Dios pudo hacer a través de nuestra disponibilidad de dar un paso afuera de nuestra zona de comodidad y tomar un paso hacia las vidas de algunos jóvenes que quieren nada más que una oportunidad.

Aún si conoces a un joven que ha tomado el camino equivocado y está viviendo lejos de lo que se les enseñó, la Biblia aún dice que hicimos bien en darles una oportunidad. Nunca debemos dejar de orar por ellos. Proverbios 22:6 dice, "Instruye al niño en su camino, Y aún cuando fuere viejo, no se apartará de él." Ama incondicionalmente, ora fervientemente, actúa consistentemente, y deja los resultados al Señor.

Epílogo

La Elección Más Importante

Quisiera agradecerles personalmente por tomar el tiempo de leer mis humildes pensamientos sobre como influenciar a nuestros jóvenes para el bien y para Dios. Sin embargo, si tú o tu joven nunca han hecho la decisión más importante, la que pudiera asegurarnos de un Hogar eterno con el Señor en el Cielo, por favor, continúe leyendo las selecciones de las Escrituras incluidas abajo:

1. No merecemos el Cielo: *"Por cuanto todos pecaron y están destituidos de la gloria de Dios." – Romanos 3:23.* En algún punto u otro hemos escogido desobedecer a Dios.
2. Nuestro pecado tiene un castigo: *"Porque la paga del pecado es muerte; mas la dádiva de Dios es vida eterna en Cristo Jesús Señor nuestro." – Romanos 6:23.* El castigo de nuestra desobediencia es una muerte espiritual y el Infierno. (Mateo 25:46, Apocalipsis 21:8)
3. Jesús pagó nuestro castigo: *"Mas Dios muestra su amor para con nosotros, en que siendo aún pecadores, Cristo murió por nosotros." – Romanos 5:8.* Dios mostró Su

amor hacia nosotros dando a Su único Hijo para morir en la cruz por nuestros pecados. Jesús resucitó al tercer día (Pascua), venciendo a la muerte y el Infierno, así pagando el castigo por el pecado.

4. Debemos creer en Jesús y aceptar Su pago por nuestro pecado: *"Que si confesares con tu boca que Jesús es el Señor, y creyeres en tu corazón que Dios le levantó de los muertos, serás salvo."* – Romanos 10:9. Creer en el Señor Jesucristo como tu Salvador significa tener fe que Él murió por ti, pagó el precio de tu pecado, y que es el único camino al Cielo. Tú puedes expresar tu fe en Jesús a través de la oración, pero la fe que te asegura de Su aceptación. No hay "palabras mágicas."

5. Ora sinceramente esta oración: "Amado Jesús, yo sé que soy un pecador y que no merezco el Cielo. Creo que Tú moriste en la cruz, pagaste el precio de mi pecado, y resucitaste después de tres días. Pongo mi fe y mi confianza en Ti solamente para perdonar mis pecados y para llevarme al Cielo cuando yo muera. ¡Gracias por Tu regalo de la vida eterna! En el nombre de Jesús, Amén."

Nuevamente, gracias por tomar el tiempo de leer mis pensamientos. Si tú has hecho alguna decisión como resultado de este libro, sinceramente me gustaría saberlo. Si tú tienes preguntas específicas o dudas con que yo pudiera ayudarte, agradecería la oportunidad. Puedes contactarme a través del correo electrónico de mi compañía, superiorscholasticskills@gmail.com.

Made in the USA
Columbia, SC
24 August 2019